LILLI L'ARRONGE

Familienbande

VERLAGSHAUS
JACOBY STUART

ICH bin Gretel!
Aber ICH will Gretel sein!
OK, OK... Gretel und Gretel verliefen sich im Wald...

Inhalt

Guten Morgen, ihr Süßen!

Guten Morgen, ihr Süßen!
RASCHEL
Aufstehen, es ist schon spät!
FIEP
FIIIEP
FIIIEP
Ja, ja, ich hab' was Leckeres für euch.
So jetzt mach mal die Äuglein auf!
SCHMATZ
KAU
Komm schon! Es ist schon wieder so spät!

KAAALT!
mm
Guten Morgen Nelli-Süße!
GEH' WEG!
mpf

Bitte wach auf...
... ich muss doch heute wieder in die KITA...
und du musst zur SCHULE...
und Pauline muss in die ARBEIT
Nein Mamaa!
Decki!
Schau mal, ein Paket!
Miau
Oh! Eine Katze!

Die ist aber furchtbar süüß!
GRRRR
O NEIN! Sehr gefährlich!
Pauliiine!
ZUG FÄHRT AB!
1... 2...

TSCH
TSCH
Kuck mal, das coole Baumhaus.
BOAA!
Das hätte ich soooo gerne!
Wollt ihr Brot oder Müsli?
...oder doch lieber die Berghütte?

Ein Schleim-monster!
HALLO! BROT ODER MÜSLI?
Schleim Schleim UAA
Hihi
ICH HAB WAS GEFRA-AGT!
Das kommt jetzt mal weg...
Also nochmal: BROT oder MÜSLI?
ZEITSCHRIFT!

NEI-EIN! Wir frühstücken jetzt. Wir sind eh schon wieder so spät dran.
GIB' SIE MIR WIEDER, ICH WOLLTE GRADE KURZ WAS KUCKEN
Nein
DU BIST BLÖD!
Du warst ganz gemein zu Pauline!
Die Zeitschrift gehört Pauline. Du darfst sie ihr nicht einfach wegnehmen!

Du musst „Entschuldigung" sagen!
Schluchz
Entschuldigung.
Ich war so genervt, weil ihr mir nicht geantwortet habt ...
Ich hab' gar nicht gehört, dass du was gefragt hast ...

So, jetzt gibt's BROT!
Vielleicht können wir ja EINMAL essen ohne Quatsch zu machen...
Di Dü Dü Di Dü Dü Diii Dü Dü
Hallöchen Popöchen!
Hallo!
Hallo, Hallo!
Ah, guten Tag, wer spricht denn da?
Ach Sie sind's Frau MARMELADE! Wie schön!
Papa!

HAHA
Nelli, NEIN!
ICH bin Frau Marmelade!
Darf ich Sie mal ablecken?
Ja gerne
Sie sind aber LECKER!
Oh! Schon wieder so spät!
Hier kommen die Zahnbürsten!

Nelli, ANZIEHEN!
Ich bin NICHT NELLI! Ich bin TOPSI!
Kuck mal, meine drei Hörner!
Die sind ja spitz!
Damit pieks ich den SAURI-REX!
Pauline, ziehst du bitte deine Schuhe an!
Du Papa, wenn CHUCK NORRIS...
... aufs Klo geht, muss er NICHT spülen, er schreit „BUH" und...

... die Kacke verschwindet von alleine!
Schuhe anziehen, LOS!
BUH!
Ich weiß auch einen Witz!
Papa geht in die Arbeit und kuckt, ob Chuck Norris da ist!
So, jetzt aber BITTE mal los!
KLACK

FROSCHI!
Wo ist der denn?
Im Bett.
Mein LIEBER Froschi!
KEUCH
Ich kenn' noch einen...
Chuck Norris bringt seine Kinder morgens weg...

BIM
BIM
BIM
BIM
...pünktlich!

Der Drachen

Hey Mädels! Ich sortiere noch eben die Wäsche, dann geht's nach draußen!
Was machen wir denn draußen?
Was ganz TOLLES!
Was denn?
Wir lassen unseren Drachen steigen! Es ist richtig viel Wind.
Och.
Ich komm' nicht mit.
Das wird bestimmt lustig!
Ich will hier-bleiben!

Los geht's! Wir Können doch nicht den ganzen Tag nur in der Bude hocken!
OK.
Unser Drachen ist ein Schmetterling...
Hä?
Na, da ist so ein Schmetterling drauf gedruckt.
Aha.
MUSS ich die Matschhose anziehen?
Schnulli!
Ich zieh' auch eine an.
SCHMATZ
Mama, hast du was zu essen eingepackt?
Falscher Schnulli, ZU HART!
Wir hatten doch grade erst Müsli.

Kuckt mal wie schnell die Wolken ziehen!
Habt ihr Lust beim Aufbauen zu helfen?
Mach' du.
Wie ging das noch gleich...
Wann bist du fertig?
Noch eben die BLÖDE Stange...
MAMA! ICH STECKE FEST!
Hihi
HUCH!
MEIN SCHUH!

Hihi
P-A-U-L-I-N-E!
DAS IST NICHT W-I-T-Z-I-G!
OK, OK.
Hihi
MMMM
MAMA! Nelli will mich KRATZEN!
BOAH, MÄDELS!
AAA
Hey, kommt mal her! Der Drachen ist fertig!
KUCKT MAL! Der will direkt LOSFLIEGEN!

Und was soll ich damit machen?
ICH geh' mit der Schnur gegen den Wind...
...und DU hältst den Drachen...
...mhm, der Wind wechselt dauernd seine Richtung...
Egal. Wenn ich „LOS" rufe, wirfst du den Drachen so hoch du kannst, OK?
Ich versuch's.

UND LOS!

Wir versuchen es nochmal.
Ich will heim.
Manno, jetzt gib doch nicht wieder sofort auf!
Komm, diesmal läufst DU, und ICH werfe den Drachen hoch.
JETZT LAUF!
ICH KANN DAS NICHT!!
Vielleicht geht's auf der Wiese da vorne besser.
Ich will aber heim.

AUF GAR KEINEN FALL! Wir haben doch noch gar nicht richtig angefangen!
WER KOMMT IN MEINE ARME?!

Neulich hat mir Papa eine Geschichte von einer riesigen Raupe erzählt.
JA! Eine Geschichte!
... Es war einmal eine RIESIG GROßE Raupe, die hatte SOO viel Hunger, dass sie FÜNF ganze Äpfel fraß.
Normale Raupe
Davon wurde sie NOCH GRÖßER und bekam ...

... NOCH GRÖßEREN Hunger. Also fraß sie NOCH MEHR Äpfel, und als der Apfelbaum leer war, fraß sie einfach den GANZEN BAUM.

Davon wurde sie NOCH GRÖßER und NOCH HUNGRIGER.

Dann fraß sie ALLE Bäume auf der Wiese.

Am nächsten Tag fraß sie die GANZE Wiese und alles, was neben der Wiese stand, sogar die HÄUSER.

Dann war sie SO GROß und SO FETT, dass sie nichts mehr fressen konnte. Also verpuppte sie sich in einem RIESIGEN Kokon und blieb für ein paar Wochen drin.

Dann kam die Zeit für die Raupen zu schlüpfen. Alle Raupen fraßen Löcher in ihre Kokons, schlüpften raus und waren WUNDERSCHÖNE Schmetterlinge geworden!

Nur der RIESIGE Kokon blieb zu. Die Wochen vergingen. Dann ENDLICH, nach EINEM Jahr, PLATZTE er und heraus kam ein bunter RIESIGER ...

...DRACHE!

Es klappt nicht. Kommt, wir geh'n nach Hause.
Was machen wir zu Hause?
Keine Ahnung. Hast du eine Idee?
Ich hab'eine Idee, aber ich weiß nicht, ob du das erlaubst.
Sag's einfach!
Film kucken?
JA! FILM KUCKEN!
Na gut.
DANKE MAMA!
JUHU!
Du bist die BESTE Mama der Welt!

Aranus und die Schnullerfee

PAAAPAAA!
mhm
Sieh mal!
Das hab' ich für DICH gemalt.
Aha. Und was ist das?
Ein GROßER GEFÄHRLICHER HAI!
Der hat aber viele Zähne!
Weil, du
nagst doch
aie, oder?
Ja, SEHR gerne.
Aber NOCH lieber mag' ich DICH!

LASS' MICH!
Darf ich dich nicht ein BISSCHEN knuddeln?
NEIN!
Ich bin ein kleines süßes Hundebaby.
Nein, Nein NEIN!
Nicht ...

HE, PAPAAA! Deine HAAARE hängen in mein Bild!
mhm.
Nelli?!
PAPA!
Nelli, Schluss mit Malen! Jetzt komm' bitte zum Zähneputzen.
SCHNELL!
HAB' ICH DICH GLEICH!

AHHH!
Papa soll mich nach oben tragen.
Na gut.
Das mach' ich gern.
DU bist mein LIEBSTER Papa!
ACHTUNG - 1, 2, und...
...HOPP!
NOCHMAAL!
Irgendwie bin ich grade so müde geworden...
Nur noch EINMAL!!

Bist du denn noch gar nicht müde?
NEIN! Ich will mit dir SPIELEN!
DU, du solltest mein Pferdchen sein!
LIEBES Pferdchen... Jetzt reiten wir aus. Du solltest Aranus heißen und ganz lieb sein.
LOS ARANUS, HÜH!!
WIEHiii
Jaaa! Braver Aranus.
Da auf der Wiese darfst du Pause machen.

Brrr!
Jetzt wirst du schön gestriegelt.
Wiehi-hi
So, hier ein Apfel und eine Möhre.
mjom mjom
Braver Aranus! Jetzt darfst du schlafen.
Hier kommt deine Pferdedecke
GAANZ gemütlich wird das für dich.
mhm

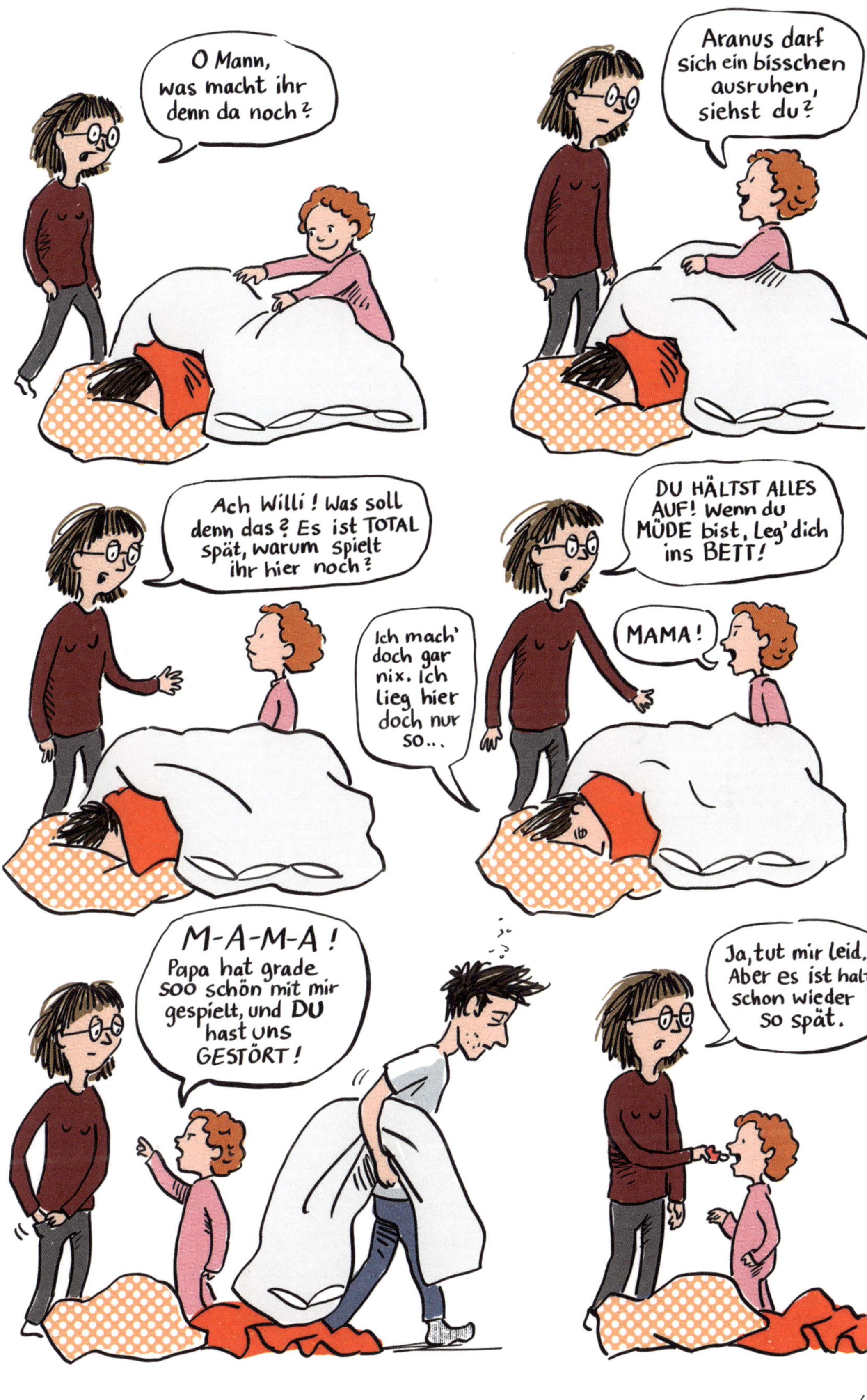
O Mann, was macht ihr denn da noch?
Aranus darf sich ein bisschen ausruhen, siehst du?
Ach Willi! Was soll denn das? Es ist TOTAL spät, warum spielt ihr hier noch?
Ich mach' doch gar nix. Ich lieg hier doch nur so...
DU HÄLTST ALLES AUF! Wenn du MÜDE bist, leg' dich ins BETT!
MAMA!
M-A-M-A! Papa hat grade SOO schön mit mir gespielt, und DU hast uns GESTÖRT!
Ja, tut mir leid. Aber es ist halt schon wieder so spät.

So, und jetzt schnell Zähne putzen, sonst haben wir keine Zeit mehr für ein Buch.
Sag' mal, Nelli ...
Willst du endlich ein richtig großes Mädchen sein?
Und ein tolles GESCHENK bekommen?
JA! Geschenk!
Du musst nur deinen Nuni aufs Fensterbrett legen, dann kommt die Schnullerfee und bringt dir eins!
GESCHENK!
Nuni soll auf Fensterbank!
Ja toll!
Aber wir müssen ALLE Schnuller rauslegen.
Hier sind noch zwei!

Am Besten rufen wir nochmal laut, damit die Schnullerfee bescheid weiß.
SCHNULLER-FEE, BITTE K-O-M-M-E-N!
Und bring ein Geschenk mit!
G-E-SCH-E-N-K
Und jetzt schnell ins Bett, es ist schon spät
Ich bin SOOO gespannt, WAS sie dir bringen wird...
Mir hat die Schnullerfee voll das Babyspielzeug gebracht, das fand ich doof.
OH.
...Ende
So, jetzt machen wir das Licht aus.
Nur noch EIN Buch, nur EINS!
Ein klitze-kleines?

Nein. Jetzt wird geschlafen.
KLICK
NUNI?
Die Nunis hast du doch für die Schnullerfee auf die Fensterbank gelegt. Komm' wir schaffen das ohne Nuni. Ich könnte deinen Rücken massieren.
NUNI!
In der Kita schläfst du doch auch ohne Nuni...
Aber Nelli! Denk doch an das GESCHENK!
NUUNI NUUNI
KLICK
NUNI
Ach Süße, Komm' mal her...

Das gute Hemd

Ich hab' gaanz viel Erde gefunden!
PERFEKT! Ich hab' Wasser geholt!
Wir sollten eine Suppe kochen.
Ah-haha!
Kuck mal!
Oho! Schöne Handschuhe!
Ich mach' mir auch Handschuhe!
Wir sollten feine Damen sein, ja?
Ich brauche neue Socken.
Ich auch.
Na, was macht ihr denn da Schönes?
Das ist die neuste Mode aus Njujork!
Papa!

Oh! Das ist aber seehr elogant!
Nicht wahr?
Ich bräuchte auch so neue Socken. Ich hab' heute einen WICHTIGEN Termin und alle Socken sind in der Wäsche.
Dann bist du bei uns richtig!
Du musst einfach deine Füße DA reinstecken!
Ach! Und dann krieg' ich so neue Socken?
Ja, ja!
Äh, das fühlt sich aber komisch an…
Mach' dir keine Sorgen.
SCHLURP
Na gut, Hauptsache, ich seh' dann schick aus für meinen TERMIN.
Hihi!
Dann brauchst du noch Handschuhe!
Ja stimmt. Wie bekomm ich die?
Jetzt musst du die Hände reinstecken.

So?
Ja, RICHTIG TIEF, damit du ganz schick wirst!
Noch tiefer!
Aber wartet mal, das ist doch... das ist doch MATSCH!
Ah, Haha!
Mein GUTES HEMD!
Ich hab' doch gleich einen wichtigen Termin! Da soll ich so hingehen?
JAA!
Mhm, aber irgendwas fehlt noch...
Hier muss noch was hin!
HALT! Was macht ihr denn da? Das ist doch mein GUTES HEMD!
Das hat noch gefehlt!
ANJA, KUCK MAL, WAS DIE GEMACHT HABEN!
Ganz ruhig! Das ist das neuste Muster in der Mode!
Ja genau!
Ach ECHT? Das neueste Muster?
Das haben alle in Njujork so.

Ja, DANN will ich das auch haben. Dann bitte noch mehr davon.
Warum wisst IHR eigentlich so viel über Mode? Ihr seid doch Kinder.
Hier muss noch was hin!
Jetzt bist du fertig!
Dann kann ich jetzt los zu meinem Termin? Ich bin schon spät dran.
Ja! Du siehst sehr elogant aus!
Tschüss Papi!
Viel Glück!
Tschüss!
Sagt mal, hat wer von euch die rote Wanne mit meiner Blumenerde gesehen?
Äh...

Die Wanderung
Wie herrlich, mal wieder wandern zu gehen, das war eine super Idee!
Und wir sind relativ gut losgekommen. Das finde immer am anstrengendsten.
Wie weit ist es denn noch?
Wir sind doch gerade erst losgegangen.

Wer will einen Wanderstock?
ICH!
Das ist UNFAIR! PAULINE bekommt einen Wanderstock und ICH NICHT!
DU bekommst natürlich AUCH einen.
Hier.
Paulines ist aber VIEL größer!
Wie wär's mit dem hier, der hat Moos dran.
JA!

Sieh mal, an meinem is MOOS dran!
Das ist VOLL ungerecht! Ich will auch einen mit Moos!
Dann such dir doch Moos. Liegt überall welches rum.
mm
Nelli?
Wollen wir Stöcke tauschen?
Ja.
Nein.

Mein Stock
sieht aus wie ein
Hexenbesen!
Eins, zwei, drei,
flieg los
Kartoffelbrei!
Mein Stock
sieht nicht
wie ein
Besen aus...
Kartoffelbrei-i
haben!
Sollen wir
tauschen?
JAA!
Na gut.
LOS,
Kartoffel-
brei!

Ich - b-i-n ♫ die-kl-eiií-ne Hexe - und fliiie-ge so he-ru-um ♪
Wo bleibt denn Nelli?
Die spielt Hexe.
He, du kleine Hexe, flieg' mal ein bisschen schneller.
Jaaaa, ♫ fliiie-gen ist - immer so ♪ schö-ö-ön!
Also, wer es schafft auf DIESEN Hexenstein zu klettern, bekommt 10 Punkte!

ICH BIN ERSTE!
OBEN!
ICH WOLLTE ABER ERSTE SEIN!
Es geht NICHT darum, wer Erste ist. JEDE, die auf den Felsen klettert, bekommt 10 Punkte.
Ja genau. Wir kriegen beide 10 Punkte
BLÖDER!
BLÖDE PAULINE! Ich spiel' nicht mehr mit!
Nelli, kann es sein, dass du Hunger hast?
ICH WILL WAS ESSEN!
ICH BIN SAUER!
Schaut mal, da drüben machen wir ein schönes Picknick.
Jetzt schon? Wir sind doch erst 50 Meter gelaufen.
Es hat doch keinen Zweck. Nelli hat fast ni gefrühstückt.

Hier ist es doch schön!
Ich hab' Brote und Eier.
Ich will ein Ei!
Oh, was hab' ich denn da? Ein leckeres Möhrchen! Das ess' ich gleich!
Toll, was du alles eingepackt hast.
So, das leg' ich mir jetzt hier hin und GLEICH ess' ich das.
Darf ich das Ei an deinem Kopf aufschlagen?
Ja.

Oh, das wird LECKER! Da freu' ich mich drauf!
KRACKS
Ah!
Also, JETZT, JETZT habe ich so richtig Lust auf mein Möhrchen!
Hat geklappt!
HUCH! Wo ist es hin?
Hihi!
Öh, ich hab's nicht genommen.

DAS GIBT'S DOCH GAR NICHT! Das hat jemand GEKLAUT!
MAMA!
AAAA!
Ach, DU warst das? Ja sowas!
Meine kleine freche Nelli war das!
Nochmal "Ich leg' mir hier was hin" sagen!
Mhm, mein LECKERES BROT, das leg' ich mir mal da hin...

Ich bin satt.
HE! Nicht einfach ausspucken!
Ich bin halt MÜDE!
Na gut...
NA TOLL – alle schlafen, und was soll ICH jetzt machen?
Hier, ich hab' dein Schnitzmesser eingepackt.
Ah, ja! Danke Mama!

P 5MIN

Samstag

Mama?
Hmm...
Ich will aufstehen.
Heute ist aber Samstag. Ich will noch weiter schlafen.
Leg' dich noch mal ein bisschen hin.
NEIN! Ich will aufstehen!

Mmmm
Papilappi, bist du wach?
Jetzt schon.
Ich kann GAR nicht mehr schlafen.
Sollen wir zwei schon mal aufstehen? Und Mama lassen wir noch schlafen.
Ja gut.

PSSST!
Ich will LEGO spielen!
Ich hab' eine VIEL bessere Idee!
Ich zeig' dir, wie man PFANNKUCHEN macht.
Och nö.
Doch, das wird toll!
Als erstes kommen die Eier dran. Kuck' mal genau hin, wie Meisterkoch Papa das macht.
Ich hole Schwung und schlage das Ei...

...gegen den Rand der Schüssel!
KRACK!
So elogant, mit nur EINER Hand!
SCHLÖZ
Cool, oder?
Äh, aber die Schale...
Meinst du die Eierschale? Die kommt natürlich in den Biomüll. Die wollen wir ja nicht mitessen.
Da ist aber Eierschale in der Schüssel!
Was? Eierschale In DIESER Schüssel? NIEMALS!
DOCH! Kuck doch mal!
Das KANN aber nicht sein. Ich bin doch Meisterkoch Papa!
Aber ich seh' GAAAANZ viel Schale da drin!

Da! Siehst du?
TATSACHE! Wie konnte das passieren?
Das Ei hat »KNACKS« gemacht und dann is' die Schale so einfach…
… weg-geslobt!
Weg-geslobt?
Nicht nachsagen, das ist nicht lustig!
Ok, ok… und was machen wir jetzt?
DU musst die Eierschale raus-holen!
Üäh! Das ist aber so glitschig! Kannst du das nicht machen?
Nö! Wer was gemacht hat, muss das auch wieder gut machen!
Stimmt, DU hast recht.

Papa, du schaffst das!
Igitt-igitt!
Ich hab' sie!
Super, Papa!
Vielleicht solltest besser du das nächste Ei aufschlagen?
Ich kann das gar nicht.
Pah! Besser als ich ja wohl auf jeden Fall!
KRACKS
SLURP

Kuck mal, SO geht das! Du musst ZWEI Hände nehmen!
Ok, das merk' ich mir.
Danke...
So, jetzt kommt die Milch...
Aber PAPA!
Was ist denn?
Das ist NICHT die MILCH!
Hihihi!
STIMMT, du hast recht!
Jetzt aber besser aufpassen!
Gut, dass du mir hilfst!

Noch ein bisschen...
Genau - da jetzt anschalten.
Super! Und jetzt auf höchste Stufe schalten!
WRRRR
GUUUT FESTHALTEN!
WRRRR
ICH WILL NICHT MEHR!
WRRRR
DU KANNST DAS ALLEINE MACHEN!
WRRRR
Ok!

Pfannkuchen sind fertig!
Wer möchte denn einen haben?
ICH!
ICH
HALT! Vorher gibt's noch was GESUNDES!
BÄH!
Jede isst zwei Möhrchen, bitte!
Du bist gemein!
Mein Mund hat sich schon so doll auf die Pfannkuchen gefreut!
Ich will doch nur, dass du ein paar Vitamine abbekommst...
Sag', dass du heute zum Mittagessen Möhrchen isst.

Zum Mittagessen ess' ich Möhrchen! Ja, ok?
Aber dann OHNE Disskusion, versprochen?
Versprochen!
Wer möchte denn jetzt den allerersten Pfannkuchen?
Ist der GAAANZ dünn? Ich will nur einen GANZ dünnen!
Ich will auch einen dünnen.
Naja, der ist so mitteldick. Dann nehm' ich den.
Und HEP!

FLABB
MAMPF
BLAA!
Warum lacht denn niemand?
Der ist dünn.
Papa, den Scherz machst du JEDES Mal, wenn wir Pfannkuchen essen!
Sei nicht immer so verrückt, Papa.
Warum?

Sei doch so wie Mama!
Keinen Quatsch?
Nein, NORMAL ist perfekt.
Och...
Aber WER will denn heute einen AUSFLUG machen?
Gehen wir schwimmen?
Trampolin-land!
Also ich hatte ja den Plan, dass wir mal in den Kinderzimmern aussortieren...
WIESO?!
TRAMPOLINLAND!
Die Mama hat recht. Einfach alles in eine Kiste und weg damit!
NEIN! Das sind UNSERE Sachen!
Das darfst du nicht!
Aber alles quillt über vor lauter altem Kram...
Stell' dir vor, da kommt ein Riese und sortiert DICH einfach aus!

Diesen alten Plunder brauchst du doch nicht mehr.
Kuck' mal, wie faltig der schon ist.
Und die hat ja schon lauter graue Haare!
So, ab in die Kiste und weg damit!
Gleich geht's los!
Die Helme können wir im Fahrrad lassen.
TRAMPOLINLAND
Ob Mama auch den Klettervulkan hochkommt?
Hallo? Ich hab' graue Haare aber alt bin ich noch lange nicht!

Braun und weich

KUCK MAL PAPA, WAS WIR GEFUNDEN HABEN!
Hihi!
Wie, was ist das denn?
Ich weiß auch nicht...
...es ist so BRAUN und WEICH!
Weich und ganz braun...
Wo habt ihr das her?
Das lag da in der Ecke am Boden!
WAS? DAS IST DOCH... IIIH!
IST DAS ETWA KACKE?
Is so schön weich! Kann man SCHÖÖN kneten!
HE! DAS DÜRFT IHR NICHT ANFASSEN! DAS IST KACKE!
AH HAHA!

WARTET! IHR MÜSST DAS INS KLO SCHMEISSEN!
ANJAA! DIE HABEN KACKE GEFUNDEN!
Hihi!
Kuck mal Papa!
Mhm, lecker!
NEIN! NICHT ESSEN!! DA WERDET IHR DOCH KRANK!
O Mann, habt ihr das jetzt runter-geschluckt? Dann können wir ja jetzt ins Krankenhaus fahren...
HAHA!
HA HA HA!
Mama, kriegen wir noch so einen Keks mit Schocko-lade drin?
Nur noch EINEN.
Na gut, das ist dann aber der Letzte!

12 : 1

Bist du bereit für Fußball-training?
Auf jeden Fall!
Also, wir, wir sind die LIEBEN...
Und Pauline ist BÖSE. Gut?
Das ist VOLL UNFAIR!
Stimmt.

IHR zwei seid EIN Team und IHR müsst MICH besiegen.
Aber das schafft ihr eh nicht.
Das hier ist EUER Tor. MEINS ist da drüben.
OK, LOS GEHT'S!
HEY! Hände sind verboten!

Das darf NUR der Torwart.
Ich bin doch der Torwart - ALSO!
Aha. Dann ab ins Tor.
GRRRR!
UAAAA!
Mist!
SUPER, Nelli!
OK, aber JETZT passt auf...
Hey!
...Schuss und...
...TOOR! 1:0

Nicht gleich beleidigt sein. Jetzt müsst IHR versuchen, in MEIN Tor zu schießen.
BLÖDER!
Aber das schafft ihr EH nicht.
Nelli, halt ihn auf!
OK!
Ey, wartet!
Ahh!
GRR!
HALT!
Hihi!

TOOR!
AH!
1:1!
Ey!
2:1!
3,4,5,6...
12:1!
WIR HABEN GE-WON-NEN! WIR HABEN GE-WON-NEN!
Und jetzt spielen wir Basketball. Weil DA spielt man NUR mit den Händen-ALSO.
Aha.

Familie, Familie!

Ich drück' dich GAANZ fest!
Fa-mi-li-e Fa-mi-li-e
HALT! Mama fehlt doch noch! MAMA!
JA! Familie machen!
MAMA! KOMM' SCHNELL!
O ja, Anja, komm' auch dazu.
Da bin ich schon! Und die muffige Strumpfhose ist auch dabei.
NEIN, ich will nicht die muffige Strumpfhose von Pauline dabei haben!
Aber die gehört doch auch zur Familie.
NEIN!
Jetzt mal los! Das wird langsam schwer.
Na gut, kleiner Scherz...
FA-MI-LI-E FA-MI-LI-E FA-MI-LI-E

Fa-mi-li-e
Fa-mi-li-e
FA-MI-LI-E
FA-MI-LI-EE
FA-AAAAA
AAAA!
HA HA
HA!
NOCHMAAL!
JA!
Geht leider nicht. Jetzt geht's nämlich GANZ schnell ab ins Bett. Wir sind doch schon wieder…
… SO SPÄT DRA-AN!
ENDE

Danke,

Robert, Johanna und Lydia.
Ihr seid das Beste, das mir in meinem Leben passiert ist. Euer Lachen ist meine Belohnung.

Danke,

Denise, Jutta, Carina, Nike, Liane, Manu, Silke, Anke, Julian.
Weil Lydia und Johanna bei Euch so gut aufgehoben sind, können wir entspannt ins Atelier fahren.

Danke,

BuchhändlerInnen.
Eure liebevoll sortierten Läden vor Ort ermöglichen das gemütliche Stöbern und Entdecken.
Bücher wie dieses könnte es ohne Euch nicht geben.

Lilli L'Arronge, genannt Gustl, heißt eigentlich Christine Walburga Maria. Schon als Kind füllte sie unzählige Tagebücher mit Texten und Bildern aus ihrem Leben. Heute arbeitet sie als Illustratorin und Autorin in ihrem Atelier in Münster und macht im Prinzip noch genau das Gleiche. Denn das Leben serviert ja bekanntlich die schönsten Geschichten.

ISBN 978-3-96428-249-1
Printed in Slovakia

Druckprodukt mit finanziellem
Klimabeitrag
ClimatePartner.com/13916-1911-1001

All unsere mit finanziellem Klimabeitrag gedruckten Novitäten und Nachdrucke finden Sie auf climatepartner.com unter Angabe der ID 13916-1911-1001.
Hier erhalten Sie auch Einblick in die Klimaschutz- und sozialen Projekte, die wir mit Ihrer Hilfe unterstützen.

FSC
www.fsc.org
MIX
Papier | Fördert gute Waldnutzung
FSC® C023577

Dieses Buch ist auf Papier gedruckt, für das Holz aus nachhaltiger Forstwirtschaft verwendet wurde.

Ich geh' einkaufen. Habt ihr eine Idee was ich euch mal mitbringen könnte...
... so was HERZHAFTES ZUM Mittagessen.
Als du das Wort „herzhaft" ausgesprochen hast, waren ALLE meine Ideen WEG...